AF205665

Impressum
Verlag: BABADADA GmbH, Nedderfeld 112 , 22529 Hamburg
Geschäftsführer / Verlagsleitung: Harald Hof
Druck: Books on Demand GmbH, In de Tarpen 42, 22848 Norderstedt

Imprint
Publisher: BABADADA GmbH, Nedderfeld 112 , 22529 Hamburg, Germany
Managing Director / Publishing direction: Harald Hof
Print: Books on Demand GmbH, In de Tarpen 42, 22848 Norderstedt, Germany

škola
sekolah

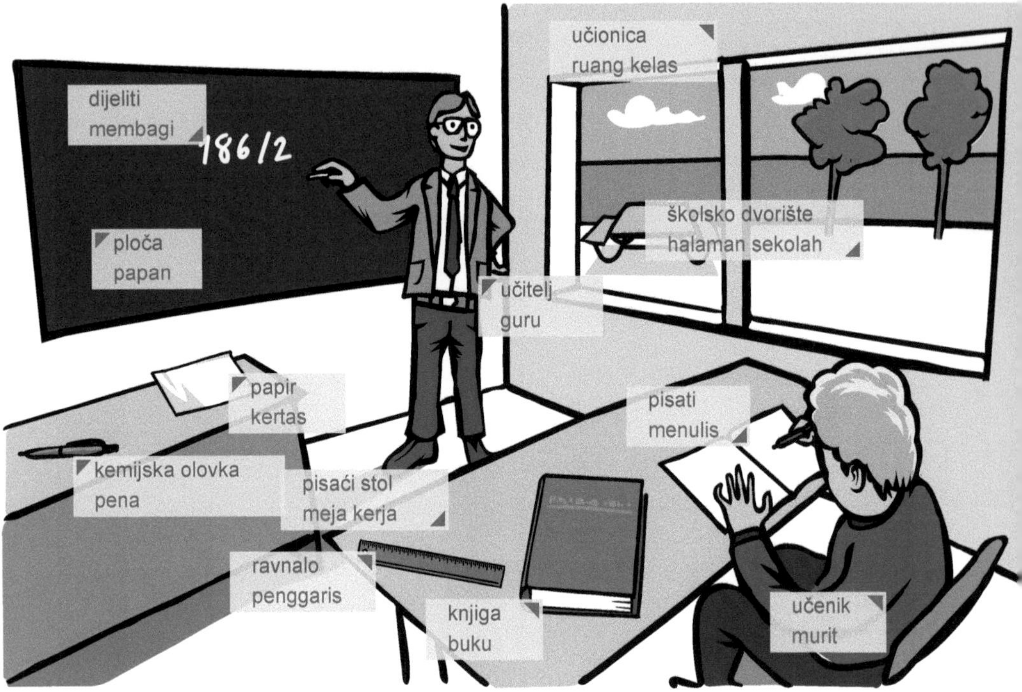

učionica
ruang kelas
dijeliti
membagi
186/2
ploča
papan
školsko dvorište
halaman sekolah
učitelj
guru
papir
kertas
pisati
menulis
kemijska olovka
pena
pisaći stol
meja kerja
ravnalo
penggaris
knjiga
buku
učenik
murit

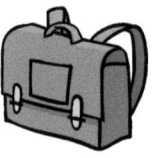

torba
....
tas sekolah

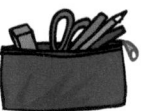

pernica
....
tempat pensil

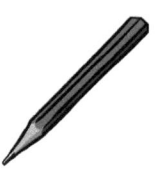

grafitna olovka
....
pensil

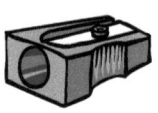

šiljilo za olovke
....
pengasah pensil

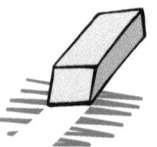

gumica za brisanje
....
penghapus

blok za crtanje
....
kertas gambar

crtež

gambar

kist

kuas

kutija s bojama

kotak cat

makaze

gunting

ljepilo

lem

bilježnica

buku latihan

domaći zadatak

pekerjaan rumah

broj

angka

sabirati

tambhakan

oduzimati

mengurangi

množiti

mengalikan

računati

menghitung

slovo

huruf

abeceda

alfabet

riječ

kata

tekst
teks

čitati
membaca

kreda
kapur

sat
pelajaran

dnevnik
daftar

ispit
ujian

svjedodžba
sertifikat

školska uniforma
seragam sekolah

obrazovanje
pendidikan

leksikon
ensiklopedi

sveučilište
universitas

mikroskop
mikroskop

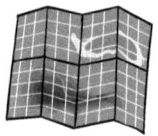

karta
peta

košara za papir
tempat sampah

putovanje
perjalanan

hotel
hotel
Grand
prenoćište
hostel
ROOMS
mjenjačnica
kantor pertukaran mata uang
EXCHANGE
kofer
koper
auto
mobil

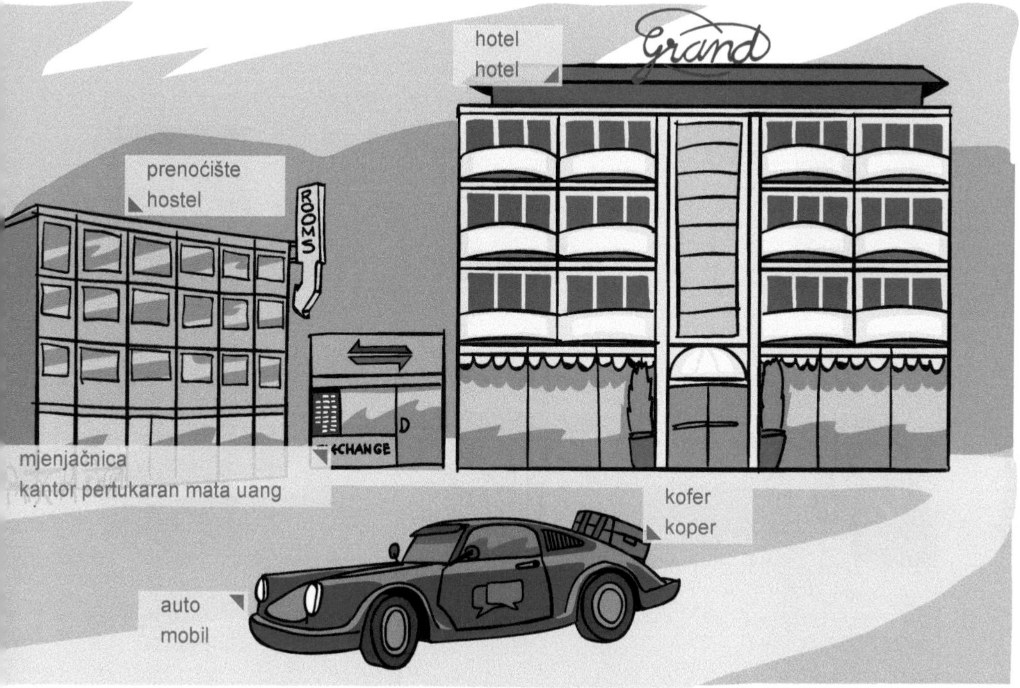

jezik

bahasa

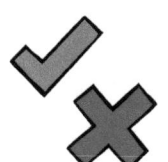

da / ne

ya / tidak

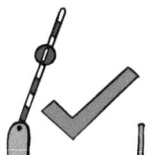

okay

okay

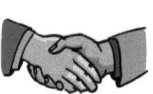

zdravo

hallo

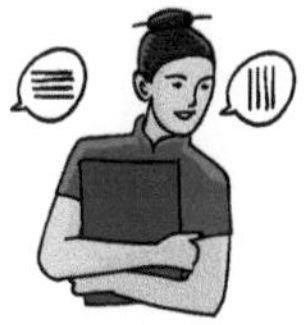

prevoditelj

penerjemah

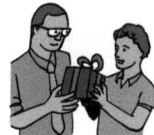

hvala

terima kasih

Koliko košta...?

Berapa harganya...?

ne razumijem

saya tidak mengerti

problem

masalah

dobro veče!

Selamat malam!

Dobro jutro!

Selamat siang!

Laku noć!

Selamat tidur!

doviđenja

sampai jumpa

smjer

arah

prtljaga

bagasi

torba

tas

ruksak

ransel

gost

tamu

soba

ruang

vreća za spavanje

kantong tidur

šator

tenda

turistička informacije
informasi wisata

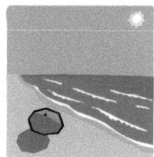

plaža
pantai

kreditna kartica
kartu kredit

doručak
sarapan

ručak
makan siang

večera
makan malam

karta za vožnju
tiket

dizalo
elevator

poštanska markica
perangko

granica
perbatasan

carina
cukai

ambasada
kedutaan

viza
visa

putovnica
paspor

transport
transportasi

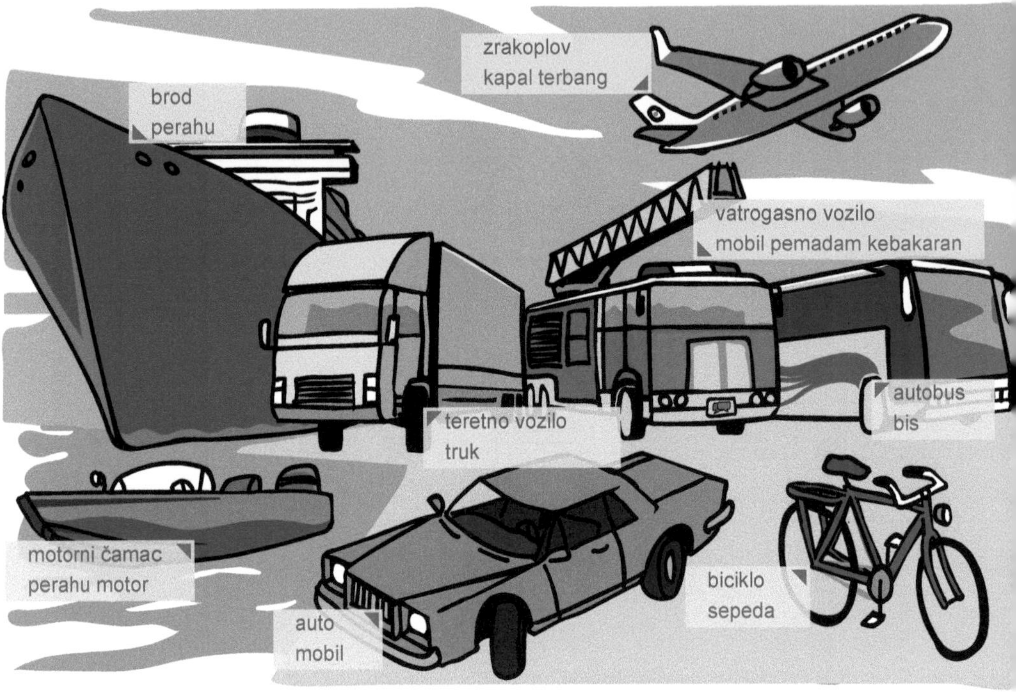
zrakoplov
kapal terbang
brod
perahu
vatrogasno vozilo
mobil pemadam kebakaran
autobus
bis
teretno vozilo
truk
motorni čamac
perahu motor
biciklo
sepeda
auto
mobil

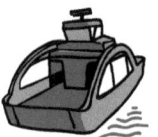

trajekt

feri

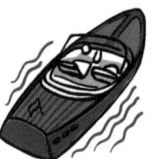

čamac

perahu

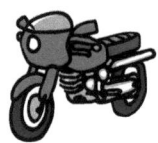

motocikl

sepeda motor

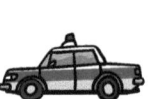

policijski auto

mobil polisi

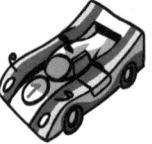

trkaći auto

mobil balapan

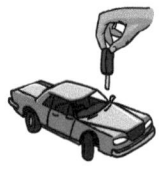

iznajmljeno auto

mobil sewa

dijeljenje automobila

berbagi mobil

vučno vozilo

truk derek

vozilo za odvoz smeća

truk sampah

motor

motor

benzin

bahan bakar

benzinska postaja

bensin

prometni znak

tanda lalulintas

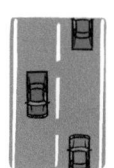

promet

lalulintas

zastoj

macet

parkiralište

parkir mobil

kolodvor

stasiun kereta

šine

trek

vlak

kereta api

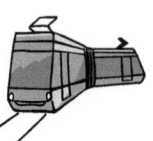

tramvaj

tram

vagon

gerobak

helikopter

helikopter

zrakoplovna luka

bendara

toranj

menara

putnik

penumpang

kontejner

container

karton

karton

kolica

troli

košara

keranjang

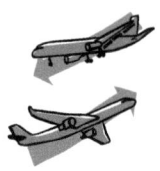

uzletjeti / sletjeti

berangkat / mendarat

grad
kota

selo

desa

centar grada

pusat kota

kuća

rumah

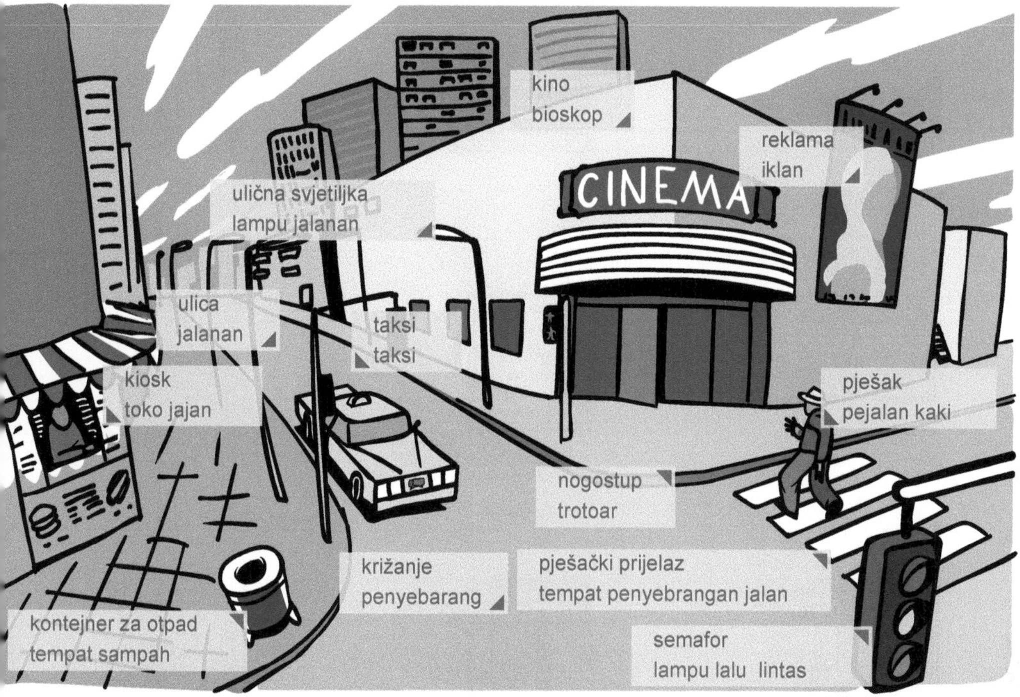

kino
bioskop

reklama
iklan

ulična svjetiljka
lampu jalanan

CINEMA

ulica
jalanan

taksi
taksi

kiosk
toko jajan

pješak
pejalan kaki

nogostup
trotoar

križanje
penyebarang

pješački prijelaz
tempat penyebrangan jalan

kontejner za otpad
tempat sampah

semafor
lampu lalu lintas

koliba
gubuk

stan
rumah flat

kolodvor
stasiun kereta

vijećnica
balai kota

muzej
museum

škola
sekolah

sveučilište

universitas

banka

bank

bolnica

rumah sakit

hotel

hotel

ljekarna

farmasi

ured

kantor

knjižara

toko buku

prodavaonica

toko

cvjećara

toko bunga

supermarket

supermarket

trg

pasar

robna kuća

toko serba ada

ribarnica

nelayan

trgovački centar

pusat belanja

luka

pelabuhan

park

taman

klupa

banku

most

jembatan

stepenice

tangga

podzemna željeznica

kereta bawah tanah

tunel

terowongan

autobusna stanica

pemberhantian bis

bar

bar

restoran

restauran

poštansko sanduče

kotak surat

ulični znak

tanda jalan

parkirni sat

meteran parkir

zoološki vrt

kebun binatang

bazen

kolam renang

džamija

mesjid

grad - kota

seosko gazdinstvo
pertanian

zagađenje okoliša
polusi

groblje
kuburan

crkva
gereja

igralište
tempat bermain

hram
pura

krajolik
pemandangan

list
daun

putokaz
penunjuk arah

put
jalanan

livada
padang rumput

kamen
batu

drvo
pohon

šetač
pejalak kaki

rijeka
sungai

trava
rumput

cvijet
bunga

dolina

lembah

planina

bukit

jezero

danau

šuma

hutan

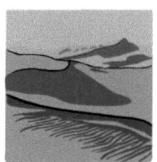

pustinja

padang gurun

vulkan

gunung berapi

dvorac

istana

duga

pelangi

gljiva

jamur

palma

pohon palem

moskito

nyamuk

muha

lalat

mrav

semut

pčela

lebah

pauk

laba-laba

buba

kumbang

žaba

kodok

vjeverica

tupai

jež

landak

zec

kelinci

sova

burung hantu

ptica

burung

labud

angsa

divlja svinja

babi jantan

jelen

rusa

los

rusa

nasip

bendungan

vjetrenjača

turbin angin

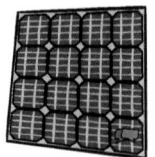

solarna ploča

panel surya

klima

iklim

restoran
restauran

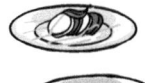

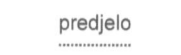

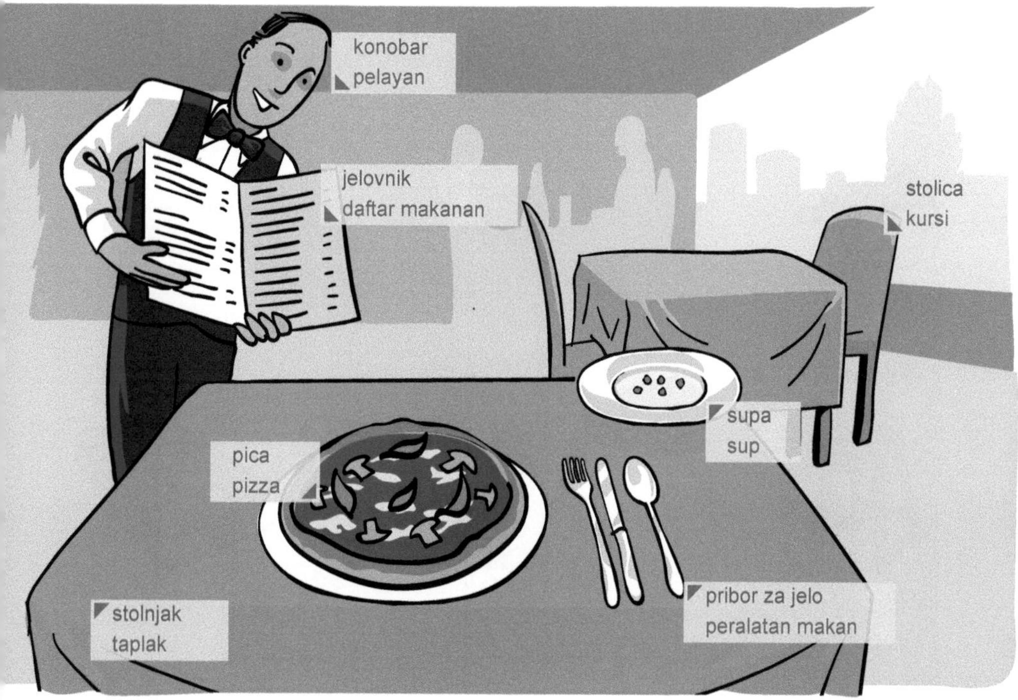
konobar
pelayan
jelovnik
daftar makanan
stolica
kursi
supa
sup
pica
pizza
stolnjak
taplak
pribor za jelo
peralatan makan

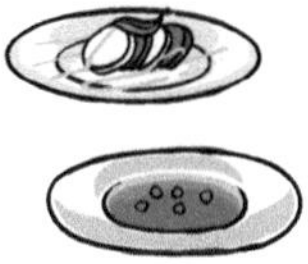

predjelo

hindangan pembuka

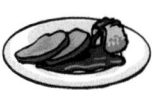

glavno jelo

hidangan utama

desert

hidangan penutup

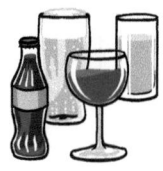

napitci

minuman

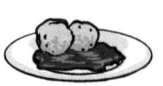

jelo

makanan

boca

botol

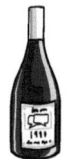

fastfood
fastfood

imbis hrana
masakan jalanan

čajnik
teko teh

doza za šećer
kaleng gula

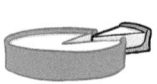

porcija
porsi

aparat za espresso
mesin espresso

visoka stolica
kursi tinggi

račun
tagihan

pladanj
baki

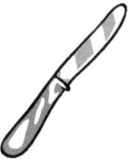

nož
pisau

vilica
garpu

žlica
sendok

čajna žlica
sendok teh

ubrus
serbet

čaša
gelas

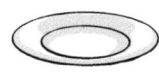

tanjur

piring

tanjur za supu

piring sup

tanjurić

lepek

sos

saus

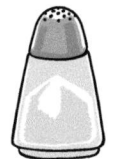

soljenka

tempat garam

mlin za biber

gilingan merica

ocat

cuka

ulje

minyak

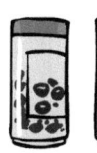

začini

bumbu

kečap

saus tomat

senf

mustar

majoneza

mayones

supermarket
supermarket

ponuda
penawaran khusus
FOR
kupac
klien
mliječni proizvodi
produk susu
voće
buah
kolica za kupnju
troli

BUTCHERS

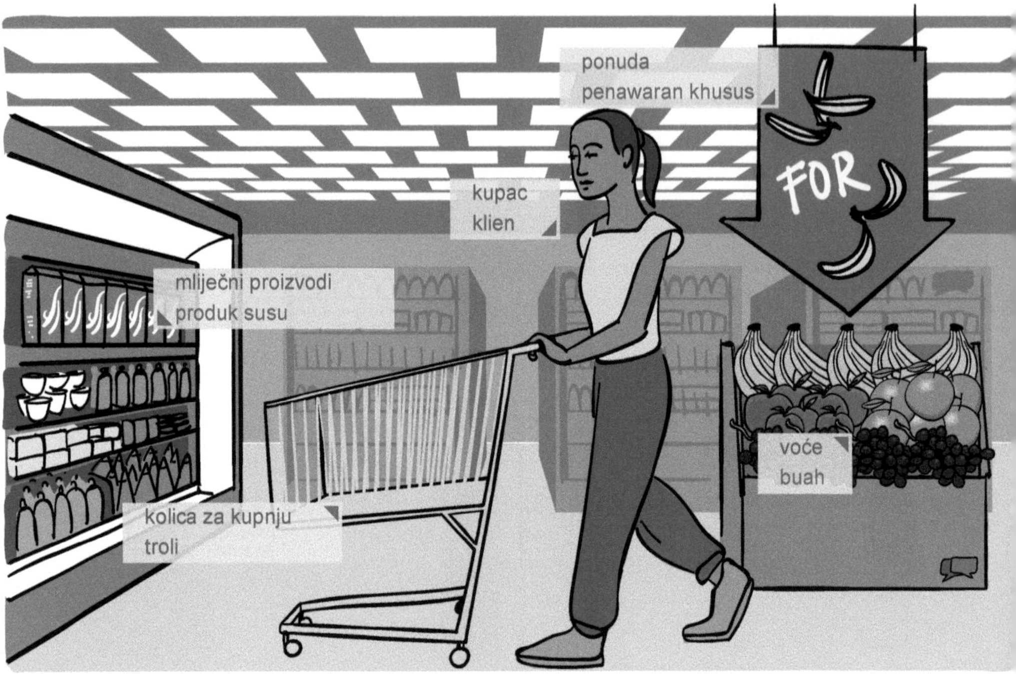

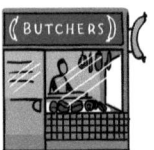

mesnica

pembantai

BAKERY

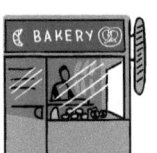

pekarnica

toko roti

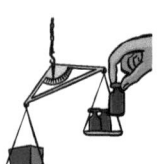

vagati

menimbang

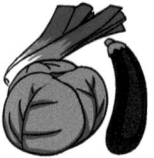

povrće

sayur

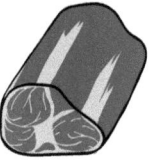

meso

daging

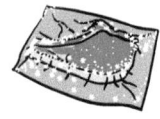

duboko smrznuta hrana

makanan beku

narezak

pemotongan dingin

konzerve

makanan kaleng

sredstvo za pranje

sabun serbuk

slatkiši

permen

artikli za domaćinstvo

alat-alat rumah tangga

sredstva za čišćenje

obat pembersihan

prodavačica

penjual

blagajna

kasa

blagajnik

kasir

lista za kupnju

daftar belanja

vrijeme rada

jam buka

novčanik

dompet

kreditna kartica

kartu kredit

torba

tas

plastična vrećica

kantong plastik

voda

air

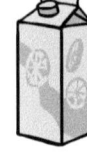

sok

jus

mlijeko

susu

cola

cola

vino

anggur

pivo

bir

alkohol

alkohol

kakao

coklat

čaj

teh

kava

kopi

espresso

espresso

cappuccino

cappucino

banana
pisang

jabuka
apel

naranča
jeruk

lubenica
semangka

limun
jeruk lemon

mrkva
wortel

češnjak
bawang putih

bambus
bambu

luk
bawang bombai

gljiva
jamur

orašasti plodovi
kacang

rezanci
mi

špagete	riža	salata
spagetti	nasi	salat

pomfrit	pečeni krumpir	pica
kentang goreng	kentang goreng	pizza

hamburger	sendvič	šnicla
hamburger	sandwich	sayatan

pršut	salama	kobasica
ham	salami	sosis

kokoš	pečenje	riba
ayam	menggoreng	ikan

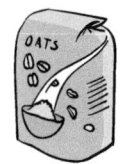

zobene pahuljice

bubur gandum

musli

sereal

kukuruzne pahuljice

cornflakes

brašno

tepung

roščić

croissant

pecivo

roti

kruh

roti

toast

toast

keksi

biskuit

maslac

mentega

svježi sir

dadih

kolač

kue

jaje

telur

jaje na oko

telur goreng

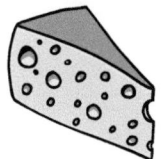

sir

keju

sladoled

eskrim

šećer

gula

med

madu

marmelada

selai

nugat krema

krim nugat

curry

kare

seosko gazdinstvo

pertanian

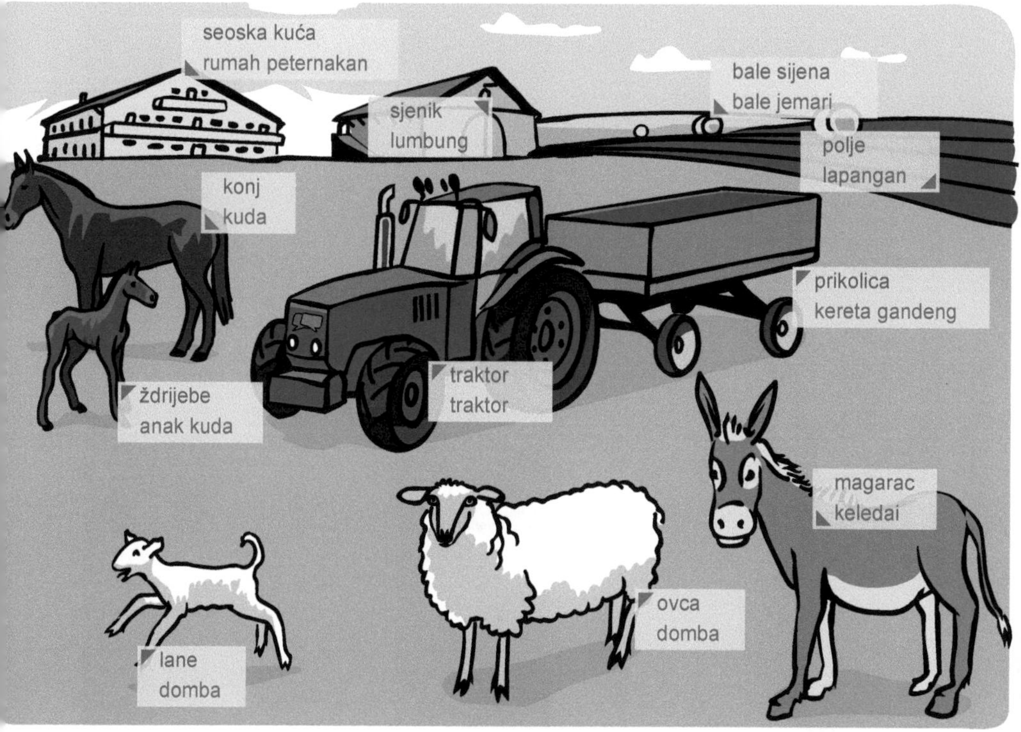
seoska kuća
rumah peternakan
sjenik
lumbung
bale sijena
bale jemari
polje
lapangan
konj
kuda
prikolica
kereta gandeng
ždrijebe
anak kuda
traktor
traktor
magarac
keledai
ovca
domba
lane
domba

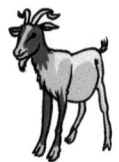

koza

kambing

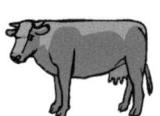

krava

sapi

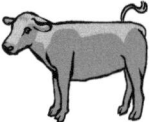

tele

betis

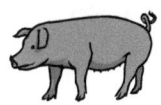

svinja

babi

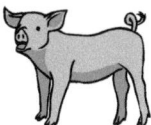

prase

celeng

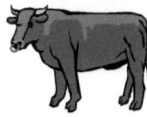

bik

banteng

guska
angsa

patka
bebek

pilići
anak ayam

kokoš
ayam

pijetao
ayam jantan

pacov
tikus

mačka
kucing

miš
tikus

vol
lembu

pas
anjing

kućica za psa
rumah anjing

vrtno crijevo
selang

kanta za polijevanje
penyiram

kosa
sabit

plug
bajak

srp
sabit

motika
cangkul

vilica za gnojivo
garpu rumput

sjekira
kapak

tačke
gerobak

korito
palung

posuda za mlijeko
kaleng susu

vreća
karung

ograda
pagar

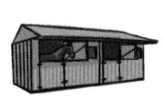

štala
kandang

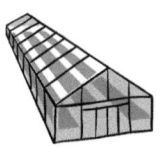

staklenik
rumah kaca

zemlja
tanah

sjeme
benih

gnojivo
pupuk

kombajn
mesin pemanen

žanjati

panen

žetva

panen

yams začin

yams

pšenica

gandum

soja

kedelai

krumpir

kentang

kukuruz

jagung

uljana repica

lobak

voćka

pohon buah

gomolj manioke

singkong

žitarice

sereal

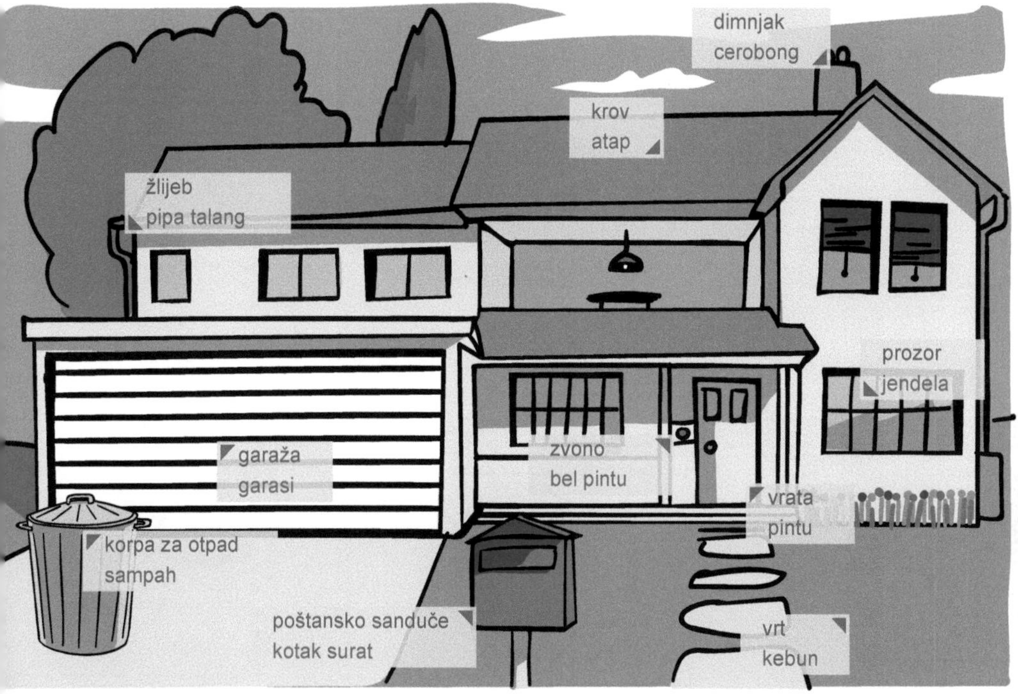

dimnjak
cerobong

krov
atap

žlijeb
pipa talang

prozor
jendela

garaža
garasi

zvono
bel pintu

vrata
pintu

korpa za otpad
sampah

poštansko sanduče
kotak surat

vrt
kebun

dnevna soba
ruang tamu

kupaonica
kamar mandi

kuhinja
dapur

spavaća soba
kamar tidur

dječija soba
kamar anak

trpezarija
kamar makan

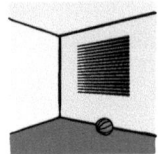

pod

lantai

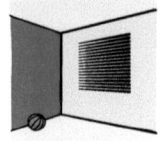

zid

tembok

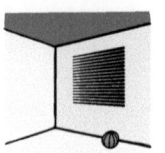

strop

atap

podrum

gudang di bawah tanah

sauna

sauna

balkon

balkon

terasa

teras

bazen

kolam renang

kosilica za travu

mesin pemotong rumput

posteljina za krevet

sprei

deka za krevet

selimut

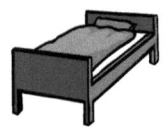

krevet

tempat tidur

metla

sapu

kanta

ember

sklopka

tombol

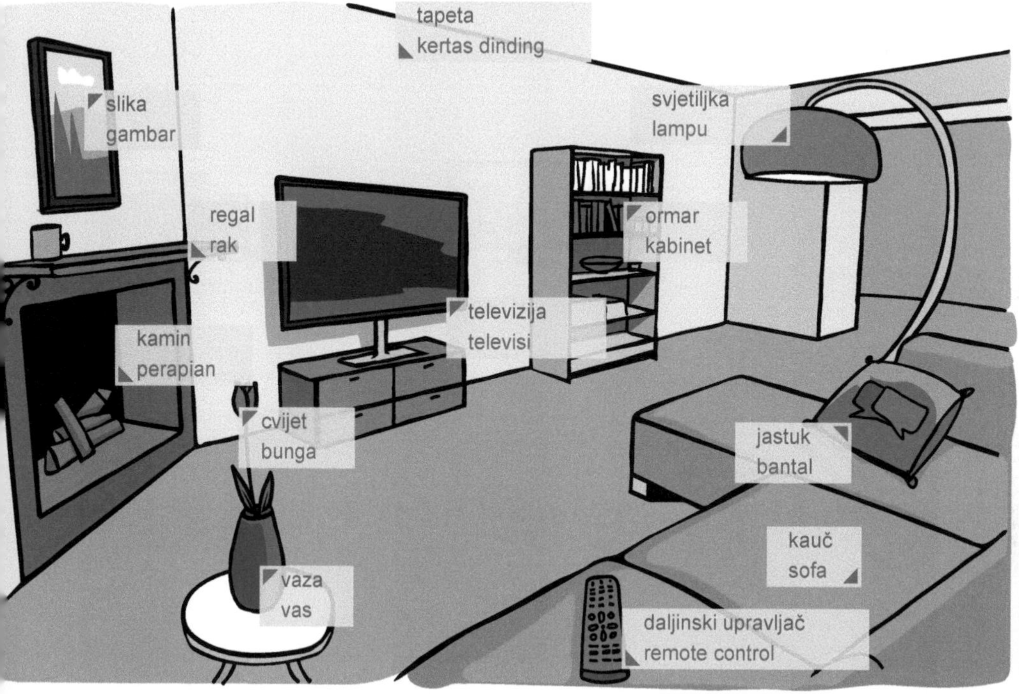

tapeta
kertas dinding

slika
gambar

svjetiljka
lampu

regal
rak

ormar
kabinet

kamin
perapian

televizija
televisi

cvijet
bunga

jastuk
bantal

kauč
sofa

vaza
vas

daljinski upravljač
remote control

tepih
karpet

zavjesa
korden

stol
meja

stolica
kursi

stolica za njihanje
kursi goyang

fotelja
kursi malas

knjiga
buku

deka
selimut

dekoracija
dekorasi

drvo za ogrjev
kayu bakar

film
filem

stereo uređaj
hi-fi

ključ
kunci

novine
koran

slika na platnu
lukisan

poster
poster

radio
radio

blok za pisanje
buku tulis

usisavač
penyedot debu

kaktus
kaktus

svijeća
lilin

kuhinja
dapur

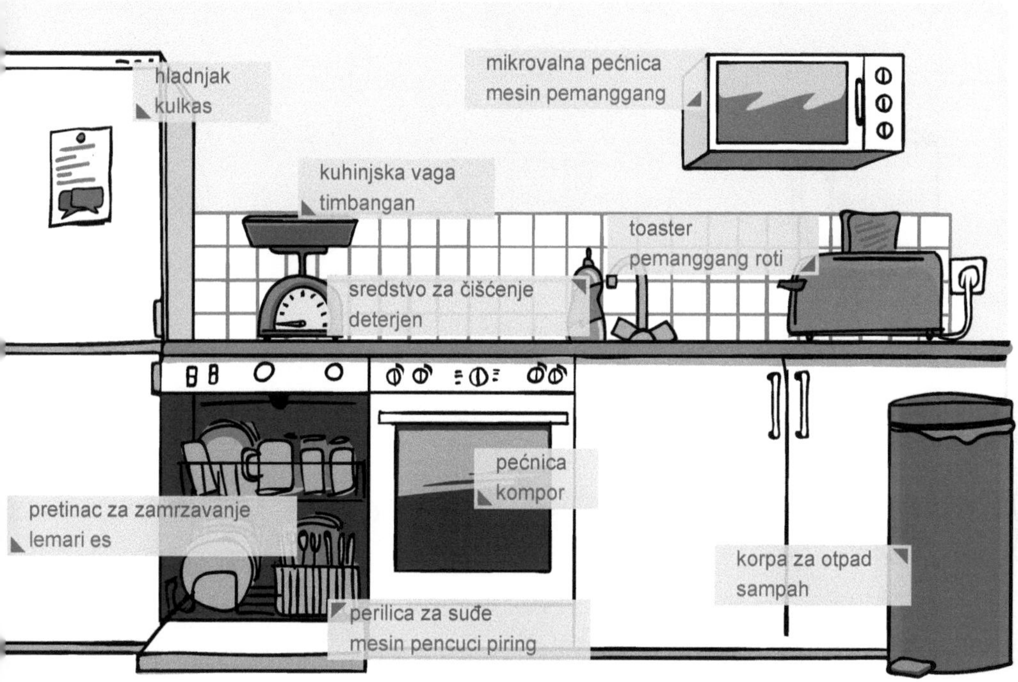

hladnjak
kulkas
mikrovalna pećnica
mesin pemanggang
kuhinjska vaga
timbangan
toaster
pemanggang roti
sredstvo za čišćenje
deterjen
pećnica
kompor
pretinac za zamrzavanje
lemari es
korpa za otpad
sampah
perilica za suđe
mesin pencuci piring

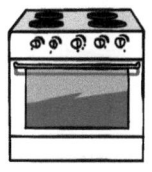

štednjak

kompor

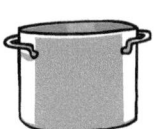

lonac

panci

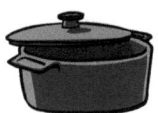

željezni lonac

panci besi

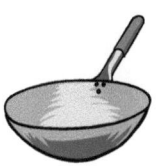

wok / kadai

wajan

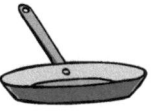

tava

panci

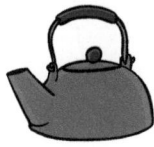

kuhalo za vodu

pemanas air

kuhalo na paru

panci pengukus makanan

lim za pečenje

nampan

posuđe

piring

čaša

cangkir

zdjela

mangkok

štapići za jelo

sumpit

kutljača

sendok sup

lopatica

sudip

pjenjača

mengocok

sito za kuhanje

saringan

sito

saringan

ribež

parutan

mužar

mortir

roštilj

barbeque

ognjište

api terbuka

daska

papan memotong

oklagija

gilingan

vadičep

alat pembuka botol

konzerva

kaleng

otvarač konzervi

pembuka kaleng

krpa za lonac

pegangan panci

sudoper

wastafel

četka

sikat

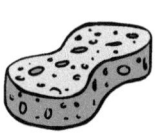

spužva

busa

mikser

mesin pencampur

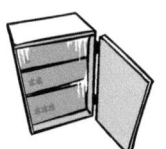

zamrzivač

lemari es

bočica za bebe

botol bayi

slavina za vodu

keran

kuhinja - dapur

kupaonica
kamar mandi

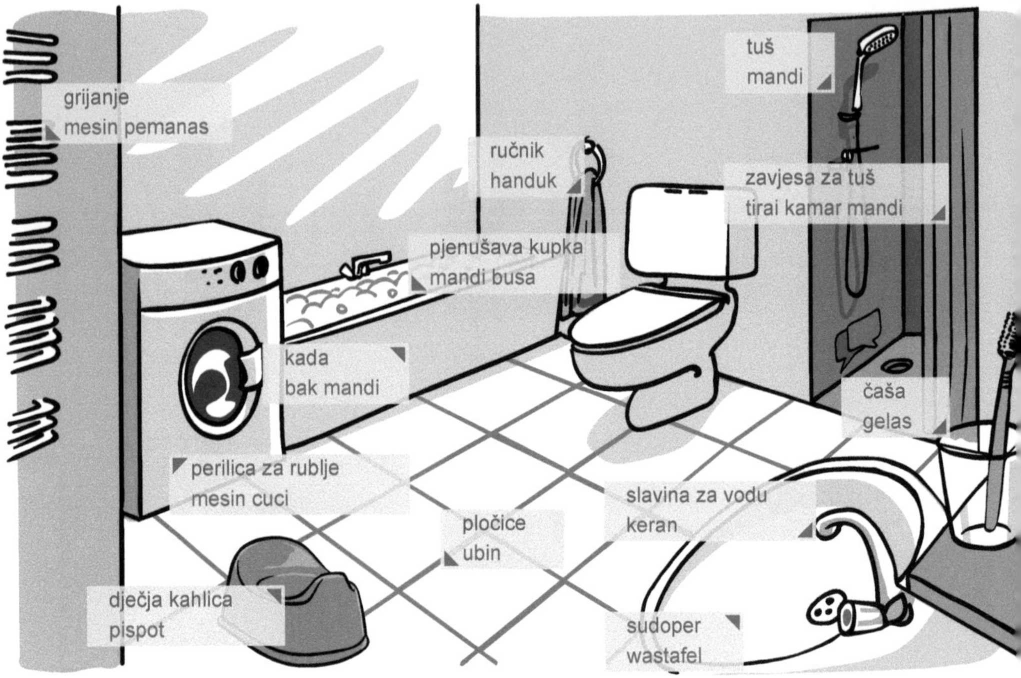

grijanje
mesin pemanas
tuš
mandi
ručnik
handuk
zavjesa za tuš
tirai kamar mandi
pjenušava kupka
mandi busa
kada
bak mandi
čaša
gelas
perilica za rublje
mesin cuci
slavina za vodu
keran
pločice
ubin
dječja kahlica
pispot
sudoper
wastafel

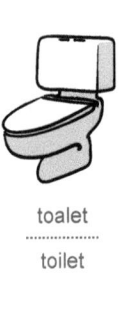

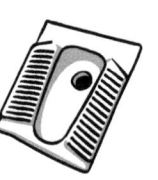

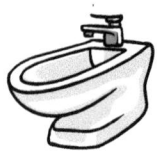

toalet

toilet

čučavac

toilet jongkok

bidet

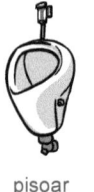

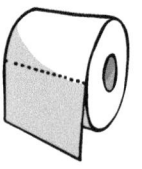

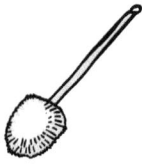

bidet

pisoar

pissoir

papir za toalet

kertas toilet

četka za toalet

sikat toilet

četkica za zube

sikat gigi

pasta za zube

pasta gigi

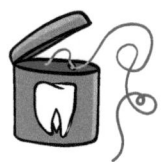

konac za zube

benang gigi

prati

menyuci

tuš ručica

pancuran tangan

tuš za pranje intimnih dijelova

pancuran

lavor

bak

četka za pranje leđa

sikat punggung

sapun

sabun

gel za tuširanje

gel mandi

šampon

sampo

krpa za pranje

planel

odvod

kuras

krema

krim

dezodorans

deodoran

ogledalo
kaca

kozmetičko ogledalo
cermin tangan

brijač
pisau cukur

pjena za brijanje
busa cukur

losion za poslije brijanja
aftershave

češalj
sisir

četka
sikat

sušilo za kosu
alat pengering rambut

sprej za kosu
semprot rambut

makeup
makeup

ruž za usne
lipstik

lak za nokte
cat kuku

vata
kapas

škare za nokte
gunting kuku

parfem
minyak wangi

neseser
kantong pencuci

stolica
bangku

vaga
timbangan

ogrtač
mantel mandi

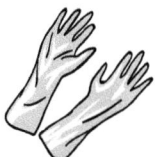

rukavice za čišćenje
sarung tangan karet

tampon
tampon

uložak
handuk pembalut

kemijski toalet
toilet kimia

dječija soba
kamar anak

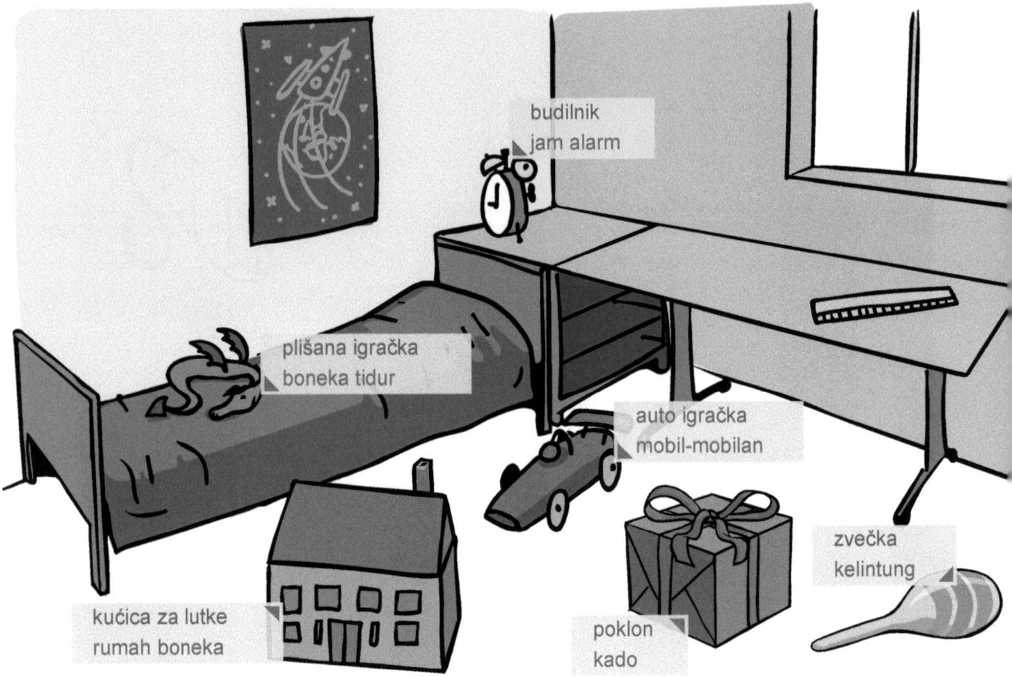

budilnik
jam alarm
plišana igračka
boneka tidur
auto igračka
mobil-mobilan
zvečka
kelintung
kućica za lutke
rumah boneka
poklon
kado

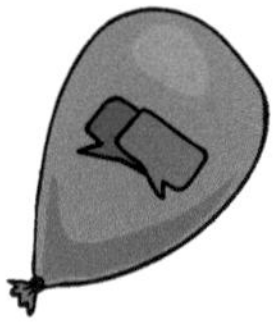

balon
balon

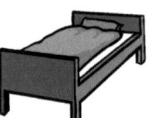

krevet
tempat tidur

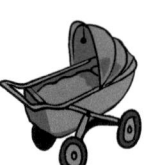

dječija kolica
kereta bayi

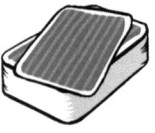

igra s kartama
mainan kartu

slagalica
teka-teki

SUPER MEGA

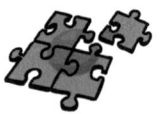

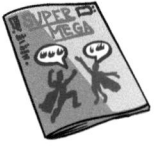

strip
komik

lego kockice

mainan lego

kockice za slaganje

blok mainan

akcioni junak

figur aksi

kombinezon za bebe

baju monyet

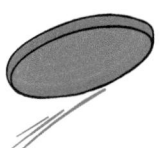

frizbi

frisbee

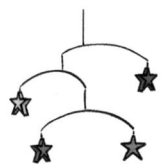

viseće igračke

mobile

društvene igre

permainan papan

kocka

dadu

minijaturna željeznica

set model kreta api

duda

dot

tulum

pesta

slikovnica

buku gambar

lopta

bola

lutka

boneka

igrati

bermain

pješčanik

tempat main pasir

ljuljačka

ayunan

igračka

mainan

konzola za igre

video game konsol

tricikl

sepeda roda tiga

plišani medo

teddy

ormar

lemari pakaian

odjeća

pakaian

kratke čarape

kaos kaki

čarape

kaos kaki

hulahopke

baju ketat

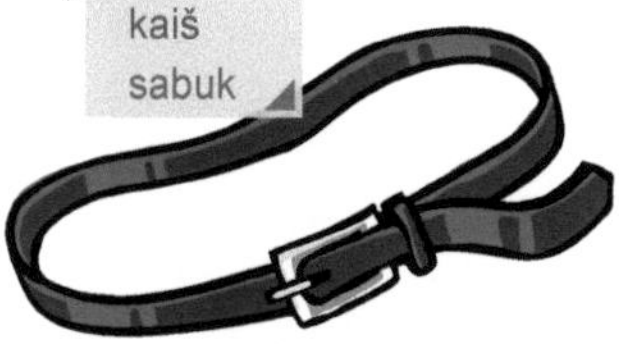

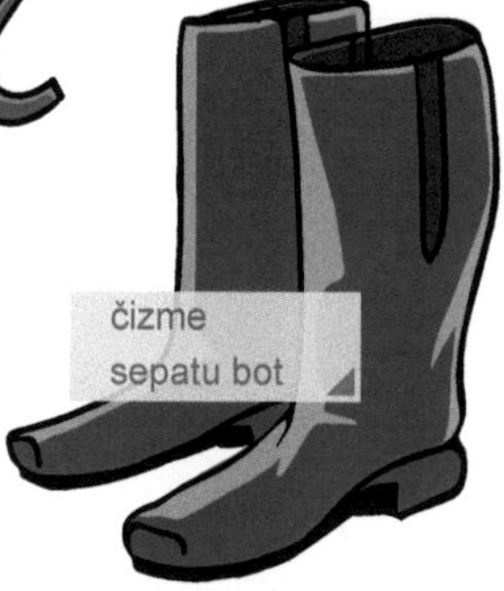

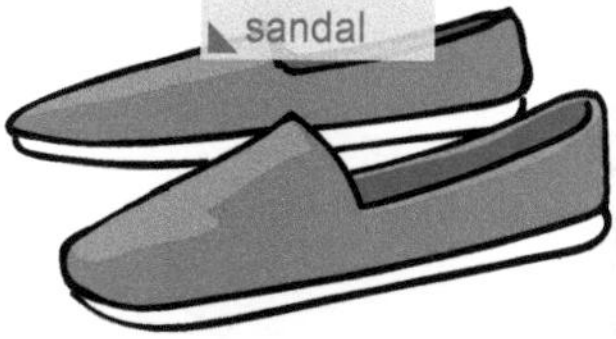

šal
syal

kišobran
payung

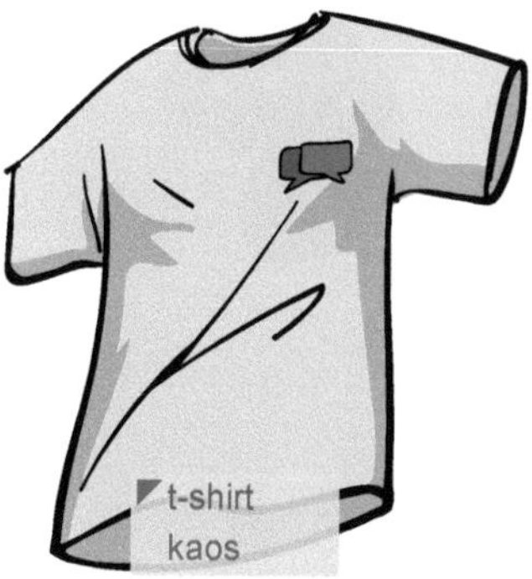

kaiš
sabuk

t-shirt
kaos

čizme
sepatu bot

papuče
sandal

patike
sepatu

sandale
sandal

cipele
sepatu

gumene čizme
sepatu bot karet

gaćice
celana dalam

grudnjak
BH

potkošulja
baju rompi

bodi
body

hlače
celana

džins
jeans

haljina
rok

bluza
blus

košulja
kemeja

džemper
aket berkerudung

pulover s kapuljačom
sweater

blejzer
jaket

jakna
jaket

kaput
mantel

kabanica
jas hujan

kostim
kostum

haljina
gaun

vjenčanica
gaun pengantin

odijelo

setelan resmi

spavaćica

gaun tidur

pidžama

piyama

sari

sari

rubac

jilbab

turban

turban

burka

burka

kaftan

kaftan

abaja

abaya

kupaći kostim

pakaian renang

kupaće gaćice

celana renang

kratke hlače

celana pendek

odjeća za trening

olah raga

pregača

celemek

rukavice

sarung tangan

gumb

kancing

naočale

kacamata

narukvica

gelang

ogrlica

kalung

prsten

cincin

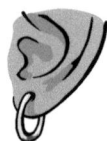

naušnica

anting

kapa

topi

vješalica

gantungan mantel

šešir

topi

kravata

dasi

patent zatvarač

ritsleting

kaciga

helm

naramenice

tali selempang

školska uniforma

seragam sekolah

uniforma

seragam

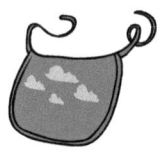

podbradak

oto

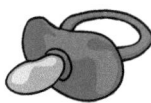

duda

dot

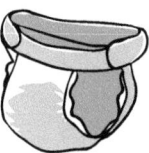

pelena

popok

ured

kantor

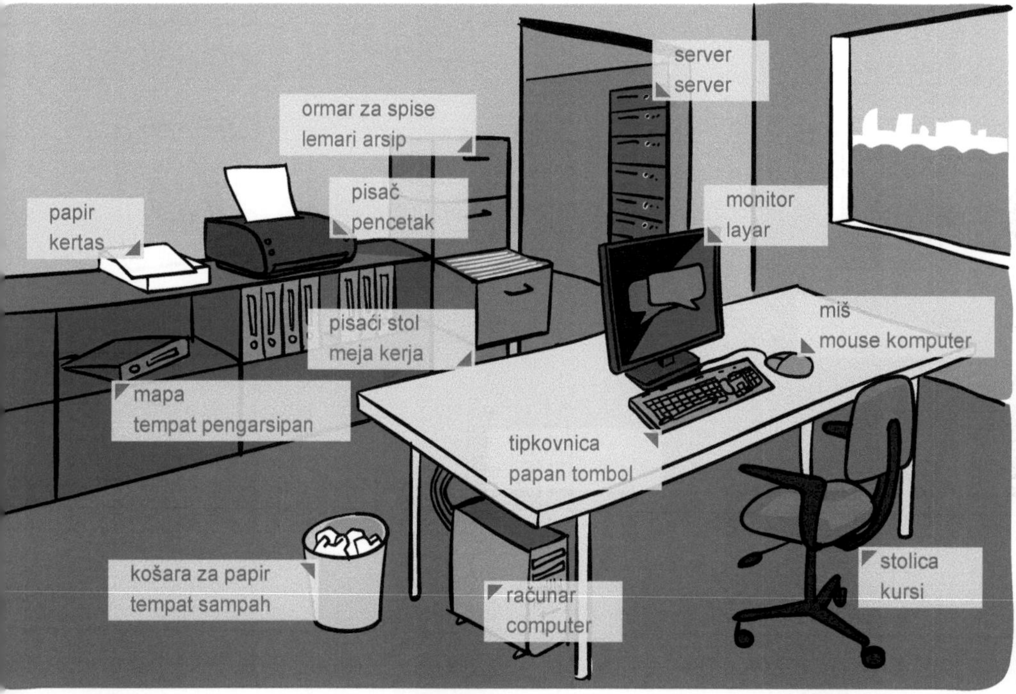
server
server
ormar za spise
lemari arsip
pisač
pencetak
papir
kertas
monitor
layar
miš
mouse komputer
pisaći stol
meja kerja
mapa
tempat pengarsipan
tipkovnica
papan tombol
košara za papir
tempat sampah
računar
computer
stolica
kursi

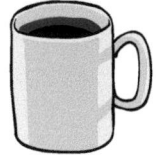

šalica za kavu

cangkir kopi

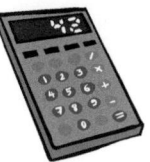

kalkulator

kalkulator

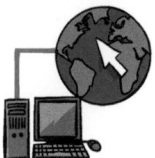

internet

internet

laptop
laptop

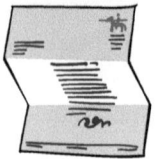

pismo
surat

poruka
pesan

mobilni telefon
telepon seluler

mreža
jaringan

uređaj za kopiranje
fotokopi

softver
software

telefon
telepon

utičnica
plug soket

faks
mesin fax

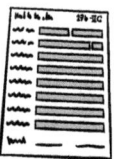

obrazac
formulir

dokument
dokumen

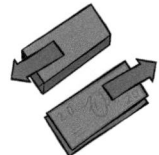

kupovati

membeli

platiti

membayar

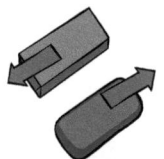

trgovati

berdagang

novac

uang

USD

dolar

Dollar

EUR

euro

Euro

JPY

jen

Yen

RUB

rubalj

Rubel

CHF

švicarski franak

Franc Swiss

CNY

renmindbi yuan

Renminbi Yuan

INR

rupija

Rupiah

automat za novac

ATM

mjenjačnica

kantor pertukaran mata uang

zlato

emas

srebro

perak

nafta

minyak

energija

energi

cijena

harga

ugovor

kontrak

porez

pajak

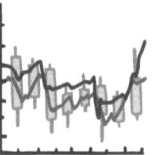

dionica

saham

raditi

bekerja

službenik

karyawan

poslodavac

majikan

tvornica

pabrik

prodavaonica

toko

gospodarstvo - ekonomi

zanimanja
pekerjaan

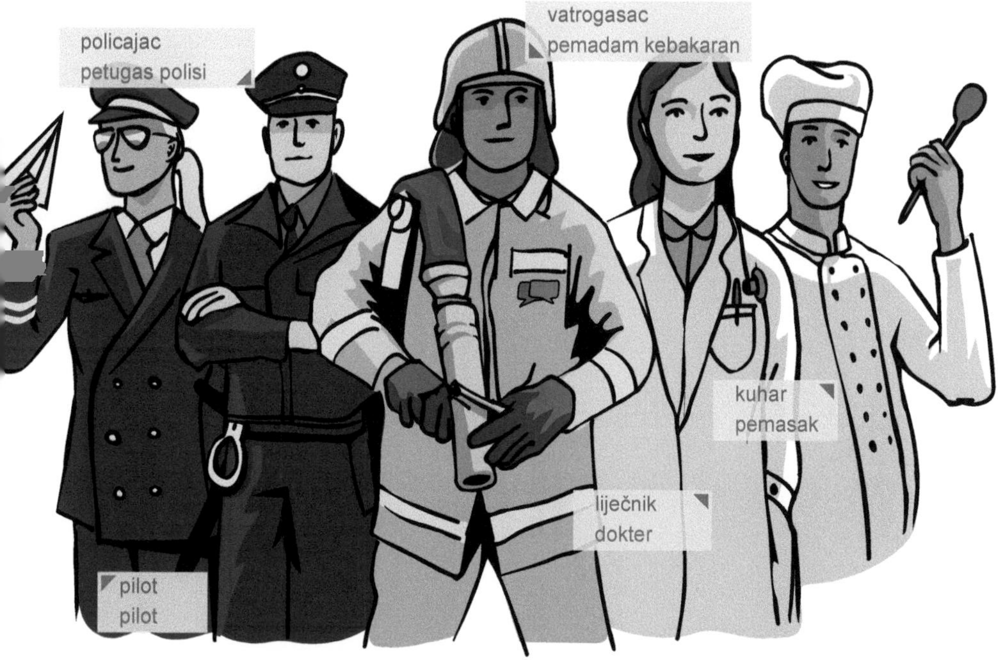
vatrogasac
pemadam kebakaran
policajac
petugas polisi
kuhar
pemasak
liječnik
dokter
pilot
pilot

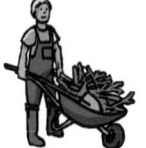

vrtlar
....
tukan kebun

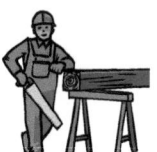

stolar
....
tukang kayu

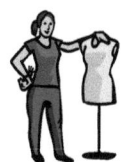

krojačica
....
penjahit wanita

sudija
....
hakim

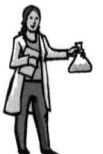

kemičar
....
ahli kimia

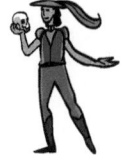

glumac
....
aktor

vozač autobusa

sopir bis

vozač taksija

sopir taksi

ribar

nelayan

čistačica

pembantu

krovopokrivač

tukang atap

konobar

pelayan

lovac

pemburu

slikar

pelukis

pekar

tukang roti

električar

tukang listrik

građevinski radnik

pembangun

inženjer

insinyur

mesar

tukang daging

limar

tukang ledeng

poštar

tukang pos

vojnik

tentara

arhitekta

arsitek

blagajnik

kasir

cvjećar

penjual bunga

frizer

penata rambut

kondukter

konduktor

mehaničar

montir

kapetan

kapten

zubar

dokter gigi

znanstvenik

ilmuwan

rabi

rabbi

imam

imam

monah

biarawan

svećenik

pendeta

alati
alat

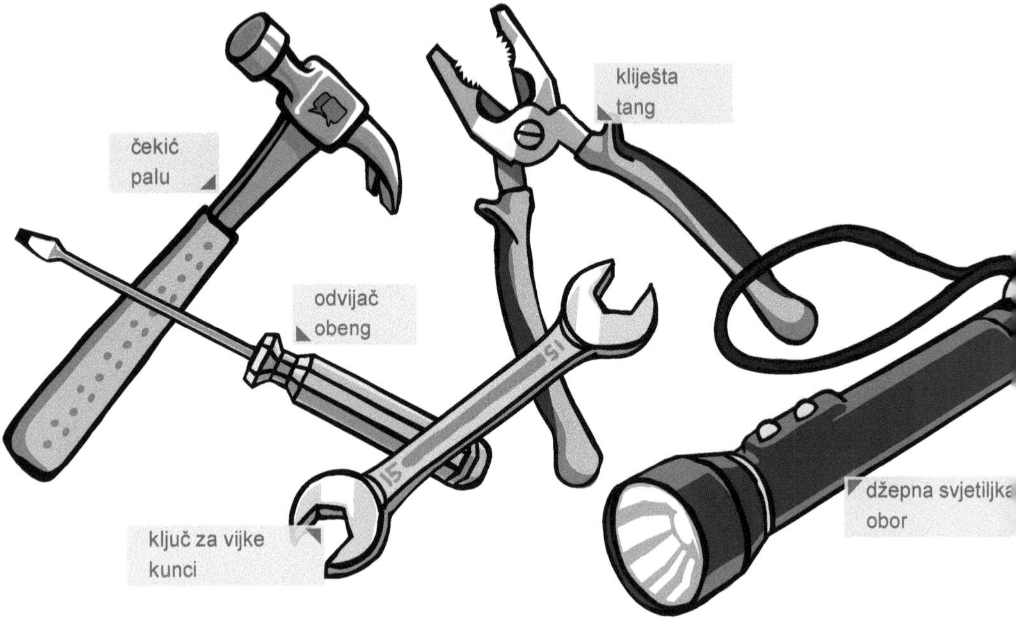

čekić
palu
kliješta
tang
odvijač
obeng
ključ za vijke
kunci
džepna svjetiljka
obor

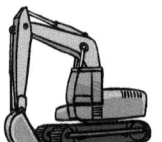

rovokopač

penggali

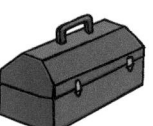

kutija za alat

tas perkakas

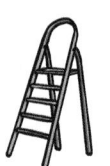

ljestve

tangga

pila

gergaji

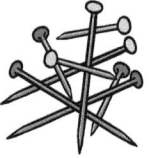

ekser

paku

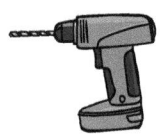

bušilica

bor

popraviti

perbaikan

lopata

sekop

Sranje!

Sialan!

lopatica

cikrak

lonac za boju

pot cat

vijci

sekrup

glazbeni instrument
alat musik

zvučnik
pengeras suara

bubnjevi
alat drum

gitara
gitar

kontrabas
bas

truba
trompet

klavir

piano

violina

violin

bas

bass

timpani

tambur

udaraljke za bubnjeve

drum

keyboard

keyboard

saksofon

saksofon

flauta

suling

mikrofon

mikrofon

zoološki vrt
kebun binatang

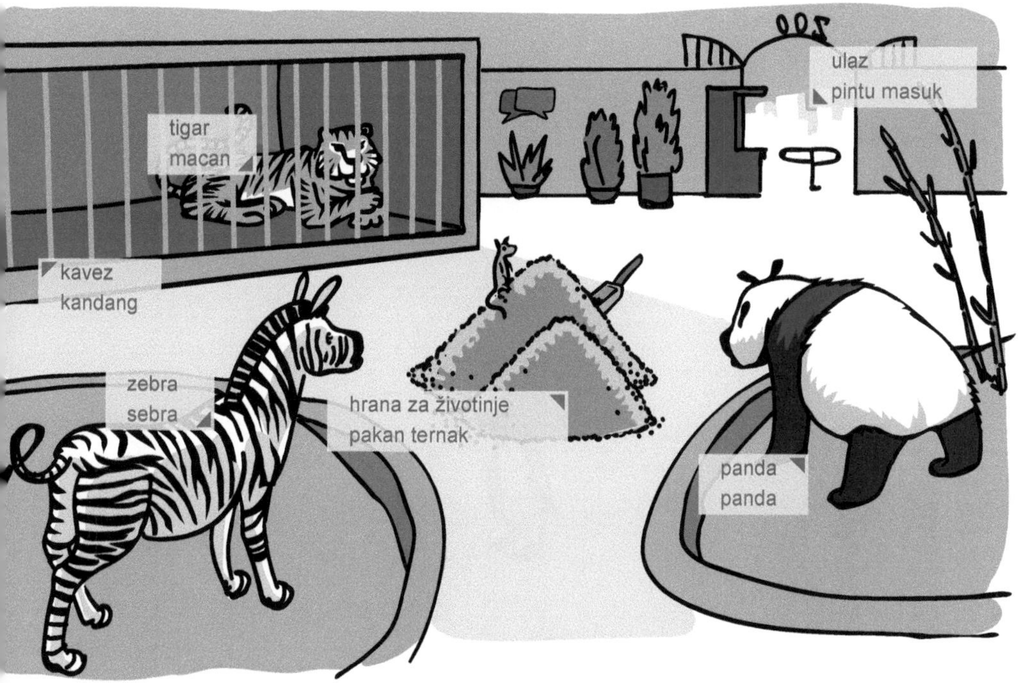
ulaz
pintu masuk
tigar
macan
kavez
kandang
zebra
sebra
hrana za životinje
pakan ternak
panda
panda

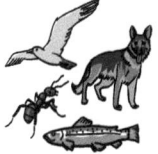

životinje

hewan

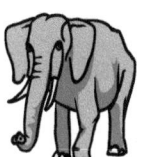

slon

gajah

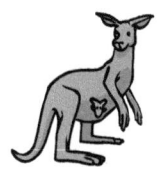

kengur

kanguru

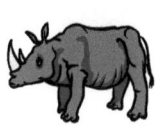

nosorog

badak

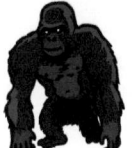

gorila

gorila

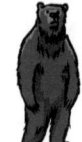

medvjed

beruang

kamila

unta

noj

burung unta

lav

singa

majmun

monyet

flamingo

flamingo

papagaj

burung beo

polarni medvjed

beruang polar

pingvin

penguin

ajkula

hiu

paun

merak

zmija

ular

krokodil

buaya

čuvar u zoološkom vrtu

penjaga kebun binatang

tuljan

segel

jaguar

jaguar

poni
kuda poni

leopard
macan tutul

nilski konj
kuda nil

žirafa
jerapah

orao
burung elang

divlja svinja
babi jantan

riba
ikan

kornjača
kura-kura

morž
anjing laut

lisica
rubah

gazela
kijang

američki nogomet
american football

biciklizam
naik sepeda

tenis
tennis

košarka
basketbal

plivanje
bernang

boks
tinju

hockey na ledu
hoki es

nogomet
sepak bola

badminton
badminton

atletika
atletik

rukomet
bola tangan

skijanje
main ski

polo
polo

aktivnosti
aktivitas

smijati se
ketawa
skočiti
meloncat
zagrliti
memeluk
ići
berjalan
pjevati
menyanyi
sanjati
mengimpi
moliti se
berdoa
poljubiti
mencium

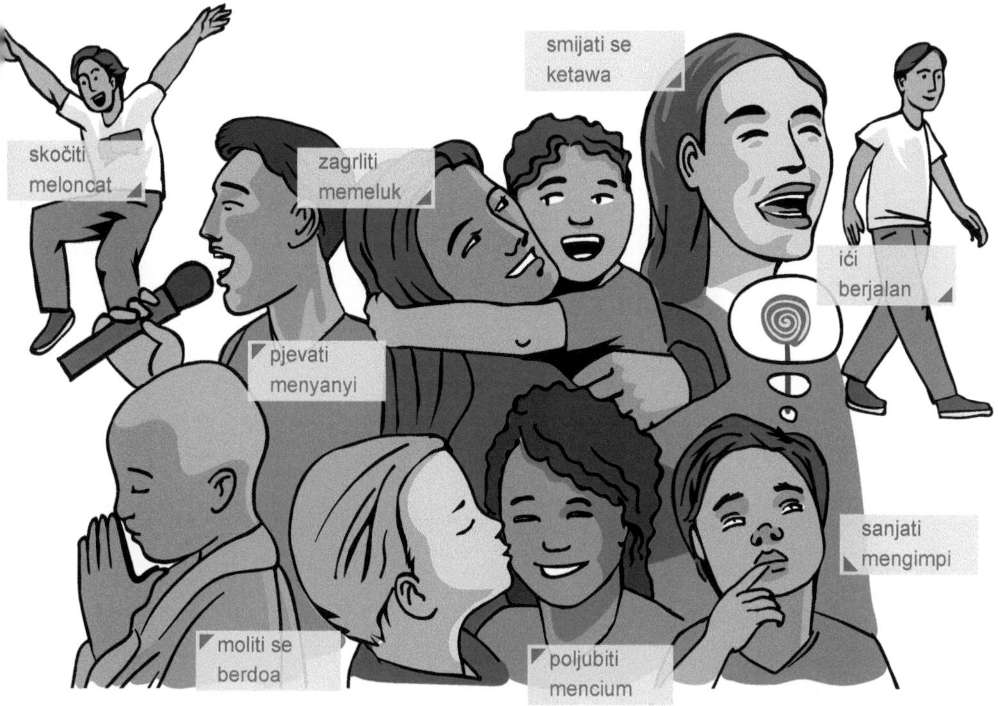

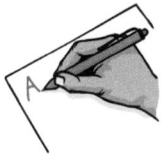

pisati

menulis

crtati

melukis

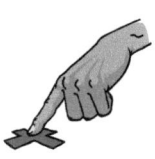

pokazati

menunjuk

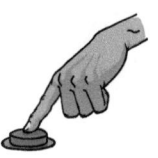

gurati

mendorong

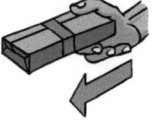

dati

memberikan

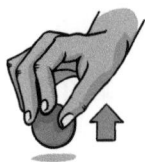

uzeti

mengambil

imati

mempunyai

činiti

melakukan

biti

adalah

stojati

berdiri

trčati

berlari

povlačiti

menarik

baciti

melempar

padati

jatuh

ležati

tidur

čekati

menunggu

nositi

membawa

sjediti

duduk

oblačiti

berpakaian

spavati

tidur

probuditi se

bangun

gledati

melihat

plakati

menangis

milovati

mengelus

češljati

menyisir

govoriti

berbicara

razumjeti

mengerti

pitati

menanyak

slušati

mendengar

piti

minum

jesti

makan

pospremiti

merapikan

voljeti

cinta

kuhati

memasak

voziti

menyetir

letjeti

terbang

ploviti
berlayar

računati
menghitung

čitati
membaca

učiti
belajar

raditi
bekerja

vjenčati se
menikah

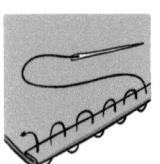

šiti
menjahit

prati zube
sikat gigi

ubiti
membunuh

pušiti
merokok

poslati
kirim

baka
nenek

djed
kakek

otac
bapak

majka
ibu

beba
bayi

kćerka
putri

sin
putra

gost

tamu

tetka

bibi

ujak, stric

paman

brat

kakak laki

sestra

kakak perempuan

tijelo

badan

čelo
dahi
oko
mata
rame
bahu
prst
jari
lice
muka
brada
dagu
ruka
tangan
noga
kaki
grudi
payudara
ruka
lengan

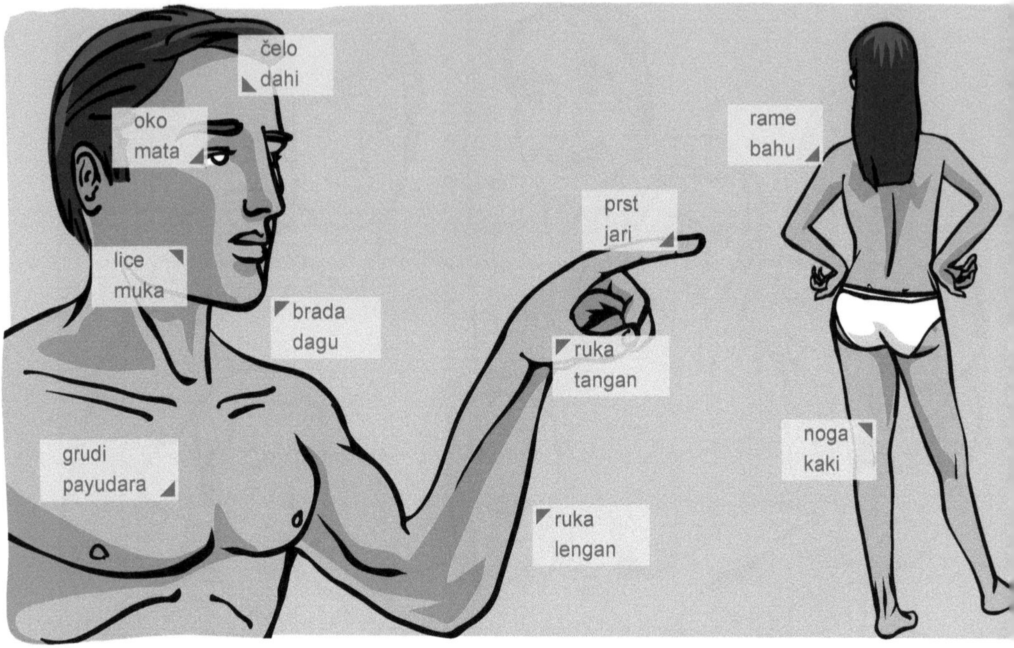

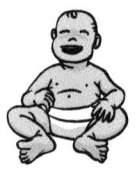

beba
bayi

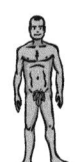

muškarac
pria

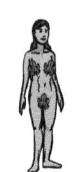

žena
wanita

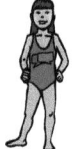

djevojčica
perempuan

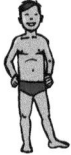

dječak
laki

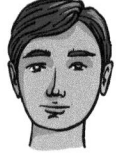

glava
kepala

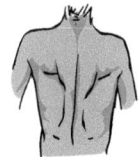

leđa

punggung

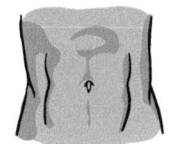

trbuh

perut

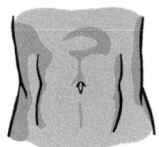

pupak

pusar

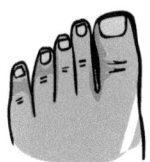

nožni prst

toe

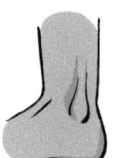

peta

tumit

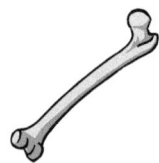

kost

tulang

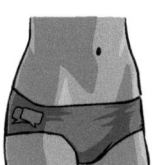

kuk

pinggang

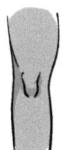

koljeno

lutut

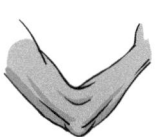

lakat

siku

nos

hidung

stražnjica

pantat

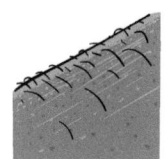

koža

kulit

obraz

pipi

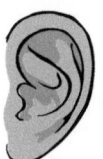

uho

telinga

usna

bibir

usta

mulut

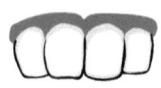

zub

gigi

jezik

lidah

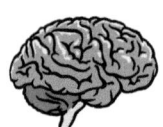

mozak

otak

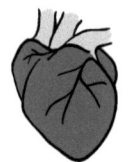

srce

jantung

mišić

otot

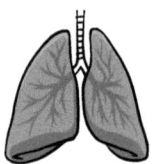

pluća

paru-paru

jetra

hati

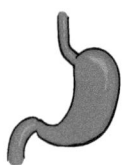

želudac

stomach

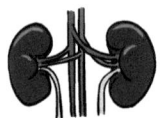

bubrezi

ginjal

snošaj

hubungan seks

kondom

kondom

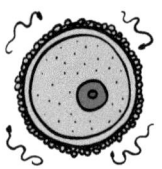

jajna stanica

sel telur

sperma

sperma

trudnoća

kehamilan

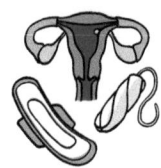

menstruacija

menstruasi

vagina

vagina

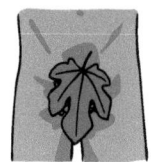

penis

penis

obrva

alis

kosa

rambut

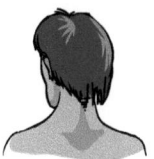

vrat

leher

bolnica

rumah sakit

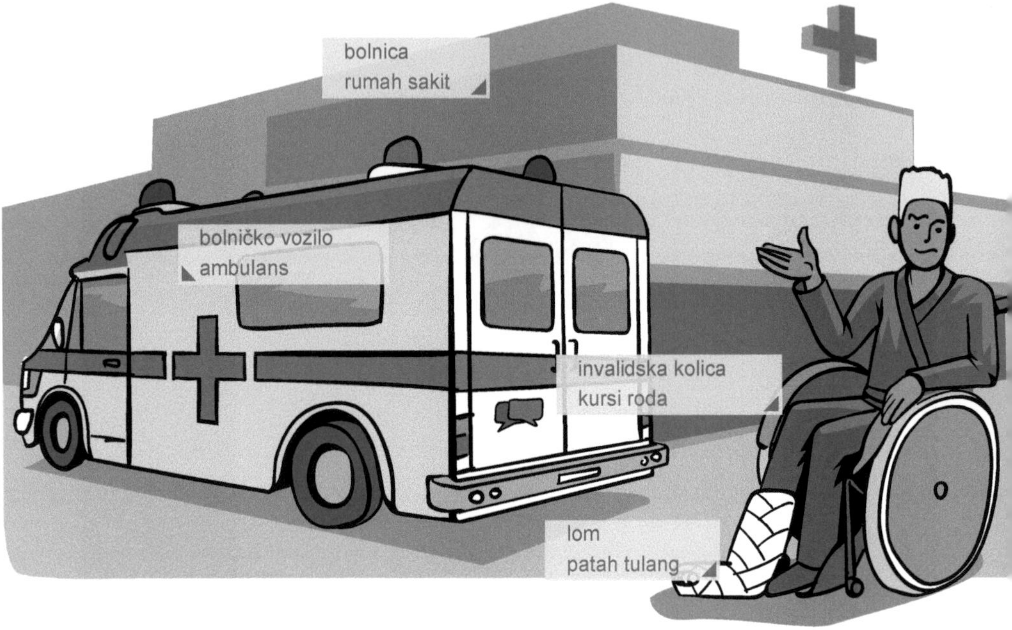

bolnica
rumah sakit
bolničko vozilo
ambulans
invalidska kolica
kursi roda
lom
patah tulang

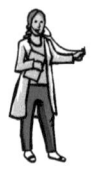

liječnik
dokter

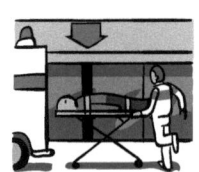

hitna medicinska služba
ruang darurat

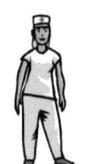

medicinska sestra
perawat

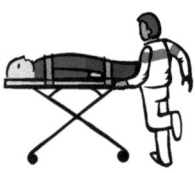

hitni slučaj
darurat

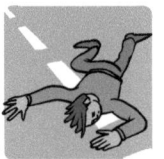

nesvijest
semaput

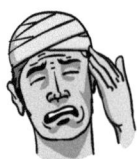

bol
sakit

ozljeda

cedera

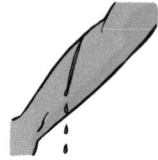

krvarenje

perdarahan

srćani infarkt

serangan jantung

moždani udar

stroke

alergija

alergi

kašalj

batuk

groznica

demam

gripa

flu

proljev

diare

glavobolja

sakit kepala

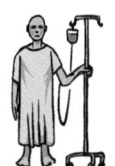

rak

kanker

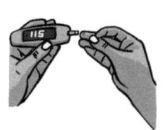

dijabetes

diabetes

kirurg

ahli bedah

skalpel

pisau bedah

operacija

operasi

ct
CT

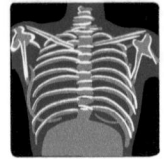

rentgen
sinar x

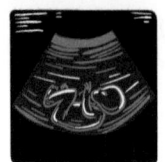

ultrazvuk
usg

maska
topeng

bolest
penyakit

čekaonica
ruang tunggu

štaka
penyokong

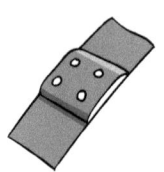

flaster
plester

zavoj
perban

injekcija
injeksi

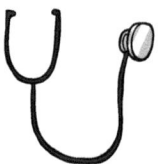

stetoskop
stetoskop

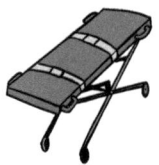

nosilo
usungan

termometar
termometer klinis

rođenje
kelahiran

prekomjerna težina
kelebihan berat badan

slušni aparat

alat pendengar

sredstvo za dezinfekciju

desinfektan

infekcija

infeksi

virus

virus

hiv / sida

HIV / AIDS

medicina

obat

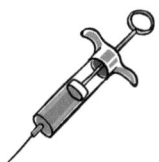

vakcinacija

vaksinasi

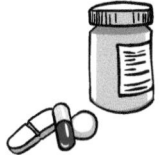

tablete

tablet

pilula

pil

poziv u pomoć

panggilan darurat

uređaj za mjerenje tlaka

ukur tekanan darah

bolesno / zdravo

sakit / sehat

pomoć!

Tolong!

alarm

alarm

nasrtaj

penyerbuan

napad

serangan

opasnost

bahaya

izlaz za nuždu

pintu darurat

požar!

Api!

vatrogasni aparat

alat pemadam kebakaran

nezgoda

kecelakaan

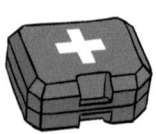

kofer prve pomoći

kit pertolongan pertama

sos

SOS

policija

polisi

Europa

Eropa

sjeverna amerika

Amerika Utara

južna amerika

Amerika Selatan

Afrika

Afrika

Azija

Asia

Australija

Australi

Atlantik

Atlantik

Pacifik

Pasifik

ocean

Samudra India

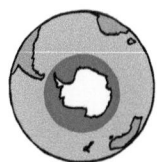

antarktički ocean

Samudra Antartika

arktički ocean

Samudra Arktik

sjeverni pol

kutub utara

južni pol
....
kutub selatan

Antarktik
....
Antarktika

zemlja
....
bumi

zemlja
....
tanah

more
....
laut

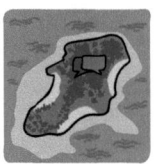

otok
....
pulau

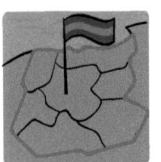

nacija
....
bangsa

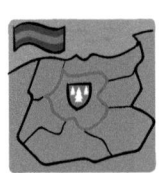

država
....
negara

brojčanik sata

jam wajah

satna kazaljka

jarum pendek

minutna kazaljka

jarum menit

sekundna kazaljka

jarum detik

Koliko je sati?

Jam berapa?

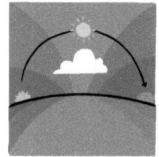

dan

hari

vrijeme

waktu

sada

sekarang

digitalni sat

jam digital

minuta

menit

sat

jam

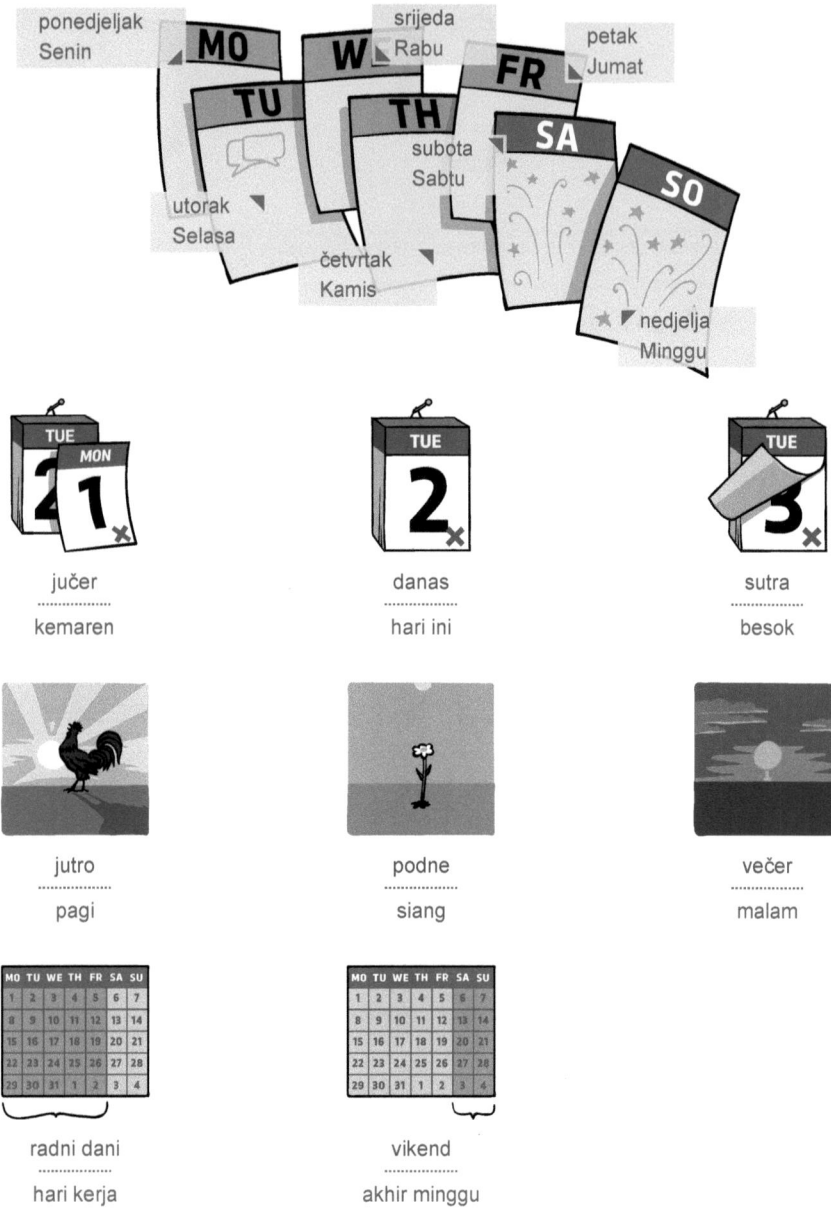

ponedjeljak
Senin

MO

srijeda
Rabu

W

petak
Jumat

FR

TU

TH

SA

utorak
Selasa

subota
Sabtu

SO

četvrtak
Kamis

nedjelja
Minggu

jučer
kemaren

danas
hari ini

sutra
besok

jutro
pagi

podne
siang

večer
malam

radni dani
hari kerja

vikend
akhir minggu

MO	TU	WE	TH	FR	SA	SU
1	2	3	4	5	6	7
8	9	10	11	12	13	14
15	16	17	18	19	20	21
22	23	24	25	26	27	28
29	30	31	1	2	3	4

kiša
hujan

duga
pelangi

vjetar
angin

snijeg
salju

proljeće
musim semi

jesen
musim gugur

ljeto
musim panas

zima
musim dingin

4.APRIL	11°	☀
5.APRIL	4°	⛅
6.APRIL	13°	🌧
7.APRIL	8°	❄
8.APRIL	10°	☀

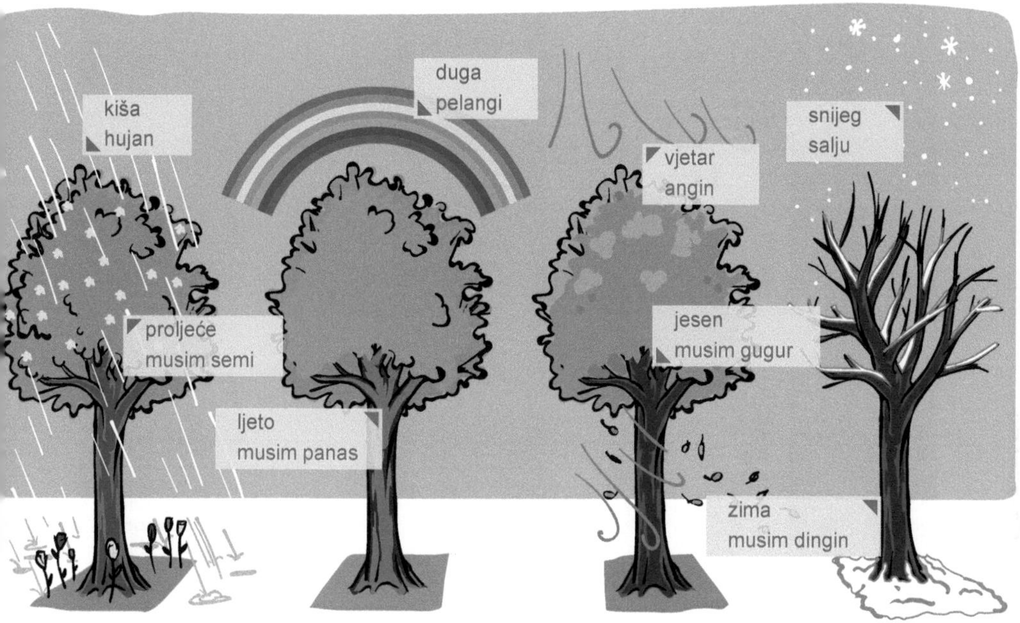

meteorološka prognoza

ramalan cuaca

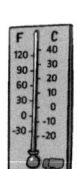

termometar

termometer

sunčana svjetlost

matahari

oblak

awan

magla

kabut

vlažnost zraka

kelembahan

munja
kilat

grmljavina
guntur

oluja
badai

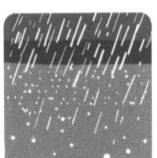

tuča
hujan es

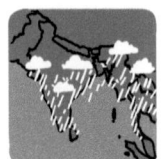

monsun
monsun

poplava
banjir

led
es

siječanj
Januari

veljača
Februari

ožujak
Maret

travanj
April

svibanj
Mei

lipanj
Juni

srpanj
Juli

kolovoz
Agustus

godina - tahun

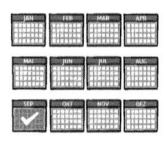

rujan
....
September

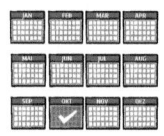

listopad
....
Oktober

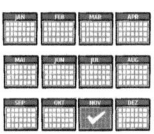

studeni
....
November

prosinac
....
Desember

oblici
bentuk

krug
....
lingkaran

kvadrat
....
persegi

pravokutnik
....
persegi panjang

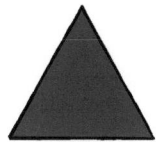

trokut
....
segi tiga

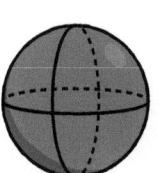

kugla
....
bola

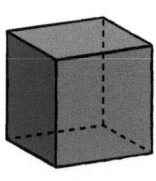

kocka
....
kubus

bijela
....
putih

žuta
....
kuning

narančasta
....
oranye

ružičasta
....
pink

crvena
....
merah

ljubičasta
....
ungu

plava
....
biru

zelena
....
hijau

smeđa
....
coklat

siva
....
abu-abu

crna
....
hitam

mnogo / malo

banyak / sedikit

ljutito / mirno

marah / tenang

lijepo / ružno

cantik / jelek

početak / kraj

mulaih / selesai

veliko / maleno

besar / kecil

svijetlo / tamno

terang / gelap

brat / sestra

saudara laki-laki / saudara perempuan

čisto / prljavo

bersih / kotor

potpuno / nepotpuno

lengkap / tidak lengkap

dan / noć

hari / malam

mrtvo / živo

mati / hidup

široko / usko

luas / sempit

jestivo / nejestivo

dapat dimakan / tidak dapat
dimakan

zlo / dobro

jahat / baik

uzbuđeno / dosadno

bersemangat / bosan

debelo / mršavo

gemuk / kurus

na početku / na kraju

pertama / terakhir

prijatelj / neprijatelj

teman / musuh

puno / prazno

penuh / kosong

tvrdo / mekano

keras / lembut

teško / lagano

berat / enteng

glad / žeđ

lapar / haus

bolesno / zdravo

sakit / sehat

ilegalno / legalno

ilegal / legal

pametno / glupo

cerdas / bodoh

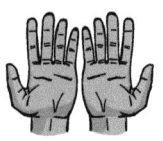

lijevo / desno

kiri / kanan

blizu / daleko

dekat / jauh

novo / rabljeno

baru / bekas

ništa / nešto

tidak ada apapun / sesuatu

staro / mlado

tua / muda

uključeno / isključeno

nyala / mati

otvoreno / zatvoreno

buka / tutup

tiho / glasno

tenang / keras

bogato / siromašno

kaya / miskin

točno / pogrešno

benar / salah

hrapavo / glatko

kasar / halus

tužno / sretno

sedih / gembira

kratko / dugo

pendek / panjang

polako / brzo

pelan-pelan / cepat

mokro / suho

basah / kering

toplo / hladno

hangat / sejuk

rat / mir

perang / damai

0

nula

nol

1

jedan

satu

2

dva

dua

3

tri

tiga

4

četiri

empat

5

pet

lima

6

šest

enam

7

sedam

tujuh

8

osam

delapan

9

devet

sembilan

10

deset

sepuluh

11

jedanaest

sebelas

12

dvanaest

duabelas

13

trinaest

tigabelas

14

četrnaest

empatbelas

15

petnaest

limabelas

16

šestnaest

enambelas

17

sedamnaest

tujuhbelas

18

osamnaest

delapanbelas

19

devetnaest

sembilanbelas

20

dvadeset

duapuluh

100

stotinu

seratus

1.000

tisuću

seribu

1.000.000

milijun

juta

engleski

Inggris

američko engleski

bahasa Inggris Amerika

kinesko mandarinski

bahasa Cina Mandarin

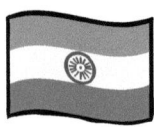

hindi

bahasa Hindi

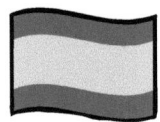

španjolski

bahasa Spanyol

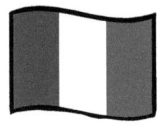

francuski

bahasa Perancis

arapski

bahasa Arab

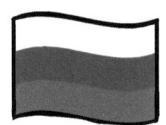

ruski

bahasa Rusia

portugalski

bahasa Portugis

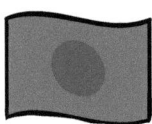

bengalski

bahasa Bengal

njemački

bahasa Jerman

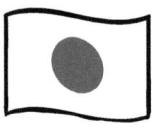

japanski

bahasa Jepang

ja
....
saya

ti
....
kamu

on / ona / ono
....
dia

mi
....
kita

vi
....
kalian

oni
....
mereka

tko?
....
siapa?

što?
....
apa?

kako?
....
begaimana?

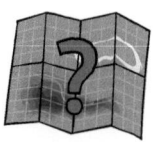

gdje?
....
dimana?

kada?
....
kapan?

ime
....
nama

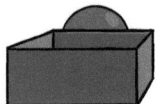

iza

dibelakang

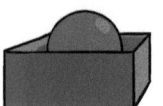

u

di

ispred

didepan

preko

diatas

na

diatas

ispod

dibawah

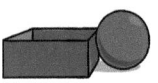

pored

sebelah

između

di antara

mjesto

tempat